책머리

해도 지치고 달도 지친다.
영원한 것은 아무 것도 없기 때문이다.
그러나 사랑만은 지치지 않는다.
아무 것도 영원하지 않지만
사랑만은
영원하기 때문이다.

영원한 것은 아무 것도 없지만
사랑만은 영원하다는
이 모순은
삶을 다녀가는 우리들이 풀어야 할
<우주의 비밀>이다.

2007년 10월
묵 연

차례

지치지 않는 사랑_ 4

화살_ 8

삶의 희열을 알게 한 사람_ 9

외로움보다 더한 그리움_ 12

끊이지 않는 고뇌_ 13

어찌 살아야 할지 모르는 내게_ 16

영혼_ 17

연인_ 20

사랑을 쉬지 말라_ 21

영원한 사랑_ 24

포옹_ 25

방황_ 28

우리들의 사랑은_ 29

그는 더 이상 방황하지 않으리라_ 32

알고 싶어요_ 33

느낌_ 36

당신을 바라보는 나의 마음_ 37

거듭거듭 바라볼 것입니다_ 40

보고싶은 당신_ 41

당신이 아니면_ 44

어이 하나요?_ 45

초대_ 48

하늘이시여!_ 49

당신은 사랑, 나는 狂人_ 52

하루_ 53

올 것은 오고 갈 것은 가는 것_ 56

경이로움_ 57

끝맺음_ 60

나의 운명_ 61

지치지 않는 사랑

그대가 원하는 만큼
그대를 사랑할 순 없겠지만
그대가 원하는 이상
그대를 사랑할 순 있습니다

그대가 노래를 불러달라고 할 때
항상 노래를 들려줄 순 없겠지만
그대가 외로울 때
갑자기 나타나 안아줄 수는 있습니다

그대가 나를 그리워 할 때
항상 그대 곁에 달려갈 순 없겠지만
그대가 힘들 때엔
만사를 제치고 달려갈 수는 있습니다

그대가 나에게 짜증을 부릴 때
항상 다 받아줄 만큼 완벽할 순 없겠지만
그대가 방황할 때
살며시 다가가 함께 있음을 선물할 수는 있습니다

그대가 원하는 만큼 많은 사랑을 줄 순 없겠지만
그대를 위한 나의 사랑이 지치는 일은 없습니다
내가 그대의 마음에 흡족할 순 없겠지만
나는 그대에게 아무런 불평도 없습니다

설령 그대가 나를 떠난다고 말할지라도
나는 노여워 하지 않을 것입니다
그대를 사랑하는 나의 마음은 어떤 경우에도
흔들리지 않을만큼 항상 똑같았기 때문입니다

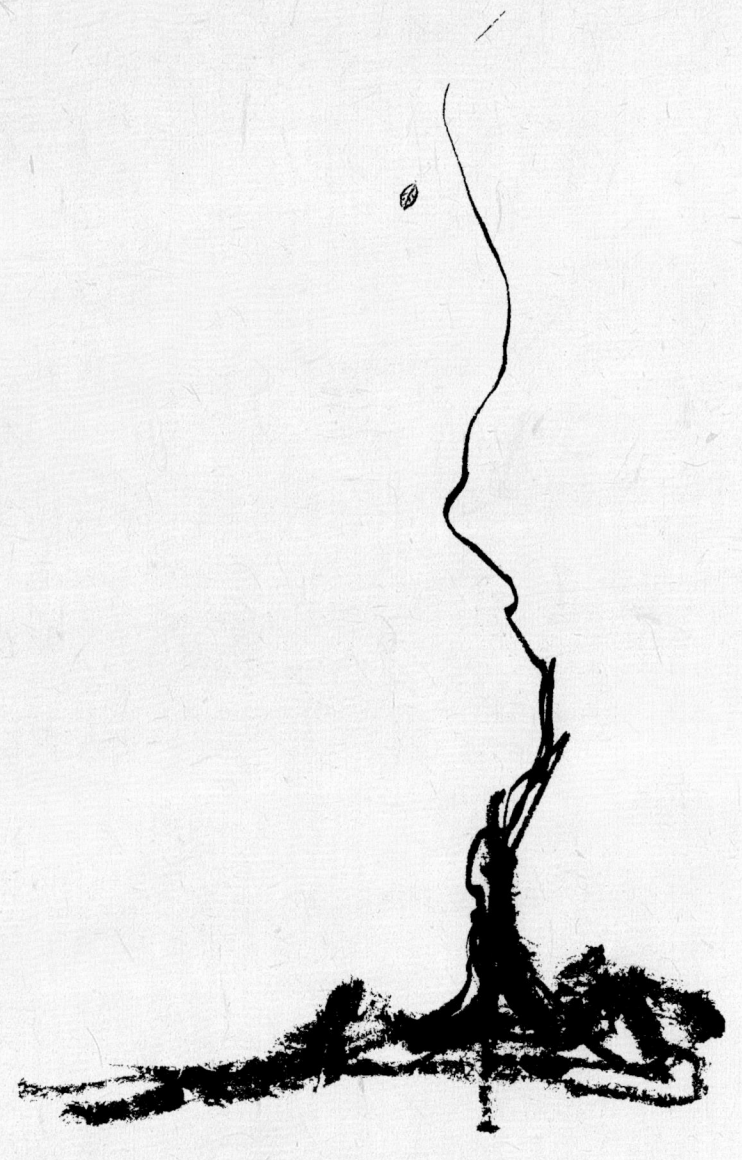

마지막 잎새 하나, 소리없이 떨어지고 있다.
우주의 실상을 보는 듯 하다.

엉덩이가 다 걸쳐지지 않았지만 그의 눈은 깊고 고요하게 안정되어 있다.
갈라진 붓이 두상의 선을 겹으로 표현해서 느낌이 묘하다.

화 살

오늘 밤도 당신과 함께 잠이 듭니다
꿈을 꾸어도 당신을 만납니다

사랑은
그처럼

잠 속에서도
잠들지 않습니다

사랑은
과녁에 꽂힌 화살처럼

오직
한 곳에 명중하는 까닭입니다

삶의 희열을 알게 한 사람

심장은 피를 펌프질 하고
가슴은 사랑을 펌프질 하네

당신은
내 피를 사랑으로 바꾼 사람

비로소
삶의 희열을 알게 한 사람

목숨은
낙엽지듯 바람의 칼날에 죽을테지만

당신은
나와 함께 영원히 살아갈 사람

죽어도
당신과 나는 사랑을 계속할테니

이마 높은 쪽에 작은 점하나를 찍었다. 턱을 가리고 보면 위를 보고 웃는다.
전체적으로 보면 몸통의 흑과 연봉우리의 백이 대비되면서 아이는 흑백을 사색하는 것 같다.

동글동글한 연봉우리처럼 아이의 웃음도 동글동글하다.

외로움보다 더한 그리움

당신이 보고 싶으면 그림을 그립니다
눈을 감고
마음의 붓으로
내 가슴을 당신의 모습으로 채웁니다

산다는 건
긴긴 외로움의 연속이지만
당신은
외로움보다 더한 그리움으로
허전한
내 영혼을 설레이게 하는 분

누군가
내 영혼을 가져간 느낌
아무런
후회 없을만큼 던져놓은 운명

당신이 보고 싶으면 눈을 감고
조용히 기다립니다

당신은 그 침묵을 밟고 오셔서
저의 가슴을 두드립니다

끊이지 않는 고뇌

저버릴 수 없는 염원이 있습니다
끊이지 않는 고뇌가 있습니다

그 염원은 이것입니다
"당신과 내가 하나되게 하소서"
그 고뇌는 이러합니다
"어찌하면 나의 염원이 이루어질까?"

밤이 깊으면 어떻습니까?
고통이 커도 좋습니다!
삶으로부터
당신으로부터
깨우치고자 하는 이것이
'사랑'인 줄을 알았기에

길이 5cm의 붓으로 15cm의 높이에서 그려내는 단순하고도 명료한 선화!

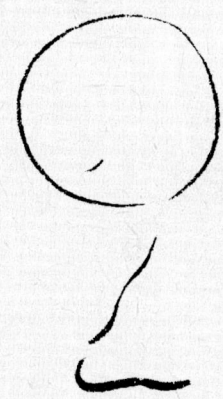

보고 있으면 고요해진다.

어찌 살아야 할지 모르는 내게

실없이 웃고
씁쓸히 우네

왜 우냐면
삶이 너무 허무하기 때문이고

왜 웃냐면
삶이 너무 가소롭기 때문인데

도대체
어찌 살아야 할지 모르는 내게

꿈결처럼 당신이 다가와
환상처럼 달콤한 사랑을 알게 하였네

사랑조차 허무한 것이 삶이건만
그 허무조차 아름다울 수 있도록

동화같은 당신은
마술같은 황홀한 사랑을 안겨 주었네

어찌 살아야 할지 모르는 내게
눈을 띄워 준 당신

당신이 보여준 사랑의 길을 걸으며
허무조차 웃으며 갑니다

영 혼

누군가를 잊을 수 없다면
그는 행복한 사람

누군가로 하여 잠들 수 없다면
그는 축복받은 자

영혼은 사랑의 키스를 받기 전에는
잠들어 있기에

귀여운 녀석들인 것 같은데 제법 명상을 하는 티가 난다.
하늘과 사람과 땅(天地人)이 이토록 단순하게 표현될 수도 있다!

연꽃이 신비롭게 피었다. 우리들이 몰라 그렇지 신비롭지 않은 것은 아무 것도 없다.
그 신비를 보지 못한다면 이 생을 다녀가는 것, 허무할 수 밖에…….

연 인

한 남자가 한 여자를 미치도록 사랑하고
한 여자가 한 남자를 죽도록 사랑하네

삶에 대하여
그들은 아무 미련이 없으리라

그런 까닭에
그들은 죽음이 와도 태연하리라

온 가슴으로
그들은 사랑속의 불멸을 깨달았기에

사랑을 쉬지 말라

내 안에
외로운 시가 한편 떠돈다
읽고 또 읽고
아무리 읽어도 끝까지 읽히지 않는 시
나는 지금
그 시를 위하여 시를 쓴다

외롭다는 건 고통이지만
고통을 모르는 축복은 있을 수 없는 것
사랑은 고통이지만
그 고통을 축복으로 바꿀 수 없다면
그 사랑은
사랑이라고 불릴 수 없는 것

인생이란
사랑조차 외로워지는 아픔이지만
인간이란
외로움 속에서 성숙하는 영혼이기에
외로울수록
살아갈 이유는 더욱 커지는 것

외롭다는 건
사랑을 쉬지 말라는 거니까

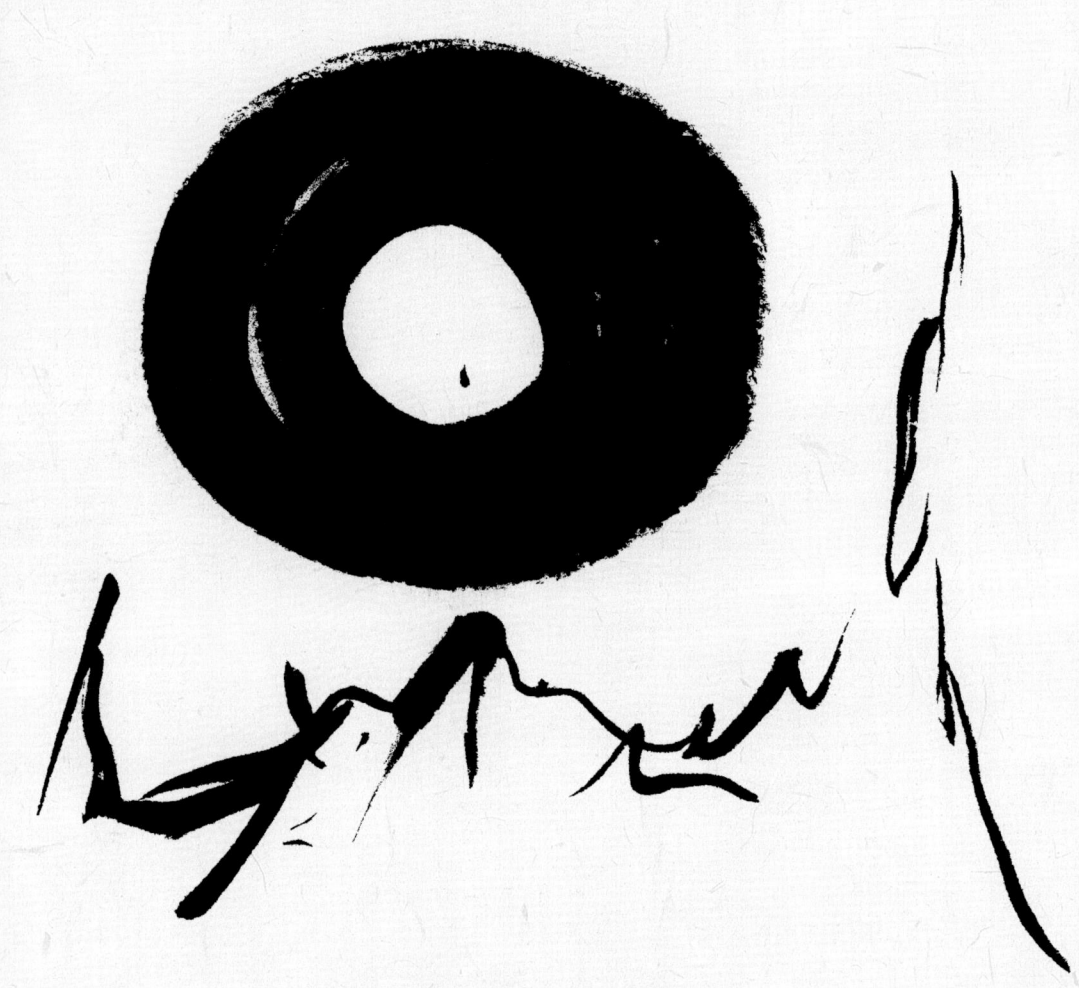

흑이 없다면 백이 없다. 흑이야말로 백을 백이게 한다.
고뇌 없는 깨달음이 어디에 있겠는가?!

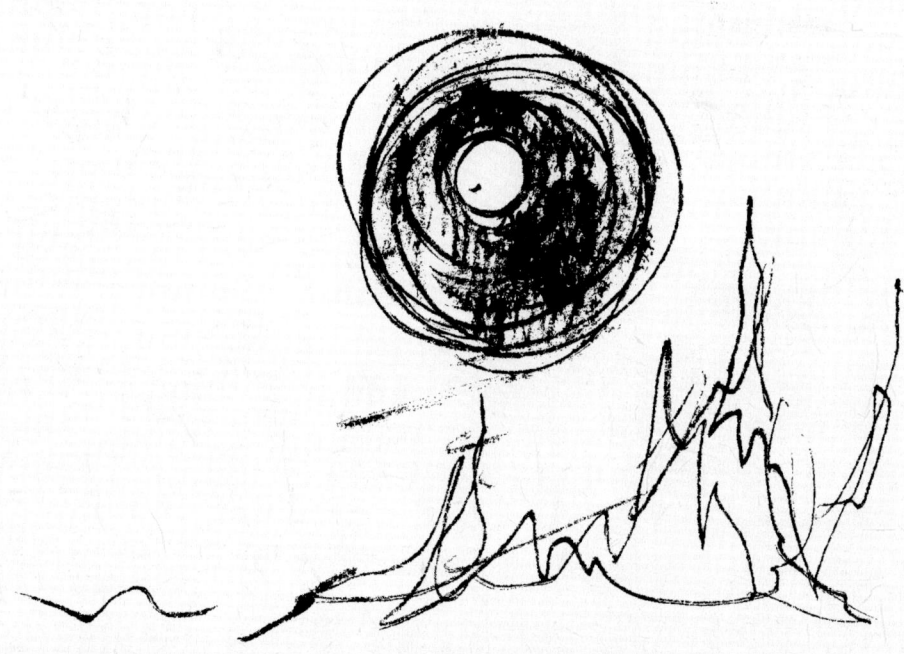

만물의 움직임, 유유한 흐름이 그림 전체에서 묻어나면서도 달의 표정이 고요하다.
훈련된 어떠한 붓의 터치보다 자연스럽게 흐르듯 표현한다는 것이 훨씬 뛰어나고 아름답다.

영원한 사랑

사랑하는 이의 모습보다 더 아름다운 시는 없다네
사랑으로 빛나는 눈망울보다 더 찬란한 보석은 없다네
사랑으로 미소짓는 얼굴보다 더 뛰어난 그림은 없다네
사랑을 노래부르는 목소리보다 더 황홀한 음악은 없다네
사랑에 겨워 춤추는 즐거움보다 더 넘치는 순간은 없다네
사랑스레 건네는 한마디 말보다 더 값있는 선물은 없다네
사랑으로 살아가는 나날보다 더 훌륭한 예술은 없다네
사랑에 녹아드는 침묵보다 더 진실한 명상은 없다네
사랑 속에서 느끼는 평화보다 더 고요한 기쁨은 없다네
사랑스럽게 맞잡은 손길보다 더 따뜻한 세상은 없다네
사랑하는 사람의 가슴보다 더 포근한 휴식은 없다네
사랑으로 마주치는 눈길보다 더 소중한 행복은 없다네
사랑에만 충실하는 조건없은 헌신보다 더 맑은 이슬은 없다네
사랑이 전해주는 전율보다 더 감사한 축복은 없다네
사랑으로 하나되는 순수함보다 더 완전한 절정은 없다네
사랑에 미친 용기보다 더 고귀한 영혼은 없다네
사랑에 눈 먼 사람보다 더 현명한 인간은 없다네
사랑을 찾아 떠나는 발걸음보다 더 위대한 자취은 없나니
그대여!
사랑을 아는가?!
태초에 사랑이 있었으니
허공 가득 사랑 넘치는 사랑의 진리를!!

포 옹

꽃의 향기를 맡으려면
허리 숙여 꽃에게 다가가야 합니다
꽃이 이쁘다면서 꽃을 꺾는 것은
꽃잎보다
아름다운 향기를 죽이는 것입니다
꽃의 향기는 뿌리로부터 올라오는데
줄기를 꺾고 목을 꺾으면 어찌 되나요

사랑의 향기를 맡으려면
마음 비워 그에게 다가가야 합니다
그기 이쁘다면서 그를 소유하려 할때
그의 향기를 맡기도 전에
그를 놓치는 것입니다
어리석게도 사람들은
향기보다 모양을 따져서
그 모양을 가지는 것에 급급합니다
해서 사랑을 가지는 것은 잠깐이고
사랑을 잃는 것은 오래인 것입니다

그것이 무엇이든
사람들은 가지려고만 할 뿐
그 진실한 향기를
가슴에 담지를 못합니다
가지려고만 하기에
잃게만 되는 것입니다
모양은 누구나 보지만 이내 사라지고
향기는 보이지 않지만 시들지 않습니다
사랑의 향기를 맡으려면
아주아주 조심스레 다가가야 합니다
사랑의 꽃은
너무나도 연약한 까닭입니다

사랑하는 이를 안으려면
가장 부드러워져야만 하는 것입니다

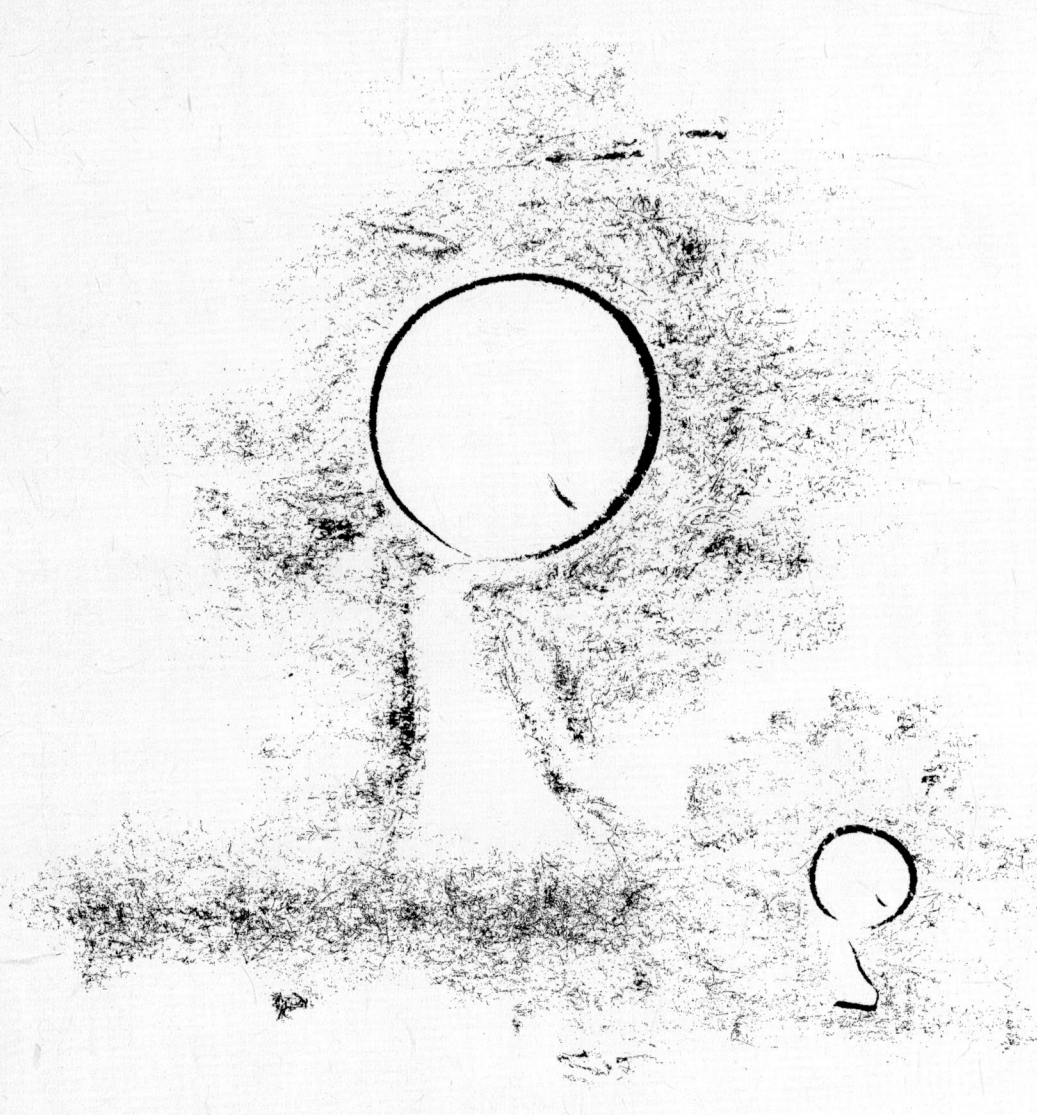

명상을 하지 않고서는 인간은 인간 자신을 알 길이 없다.

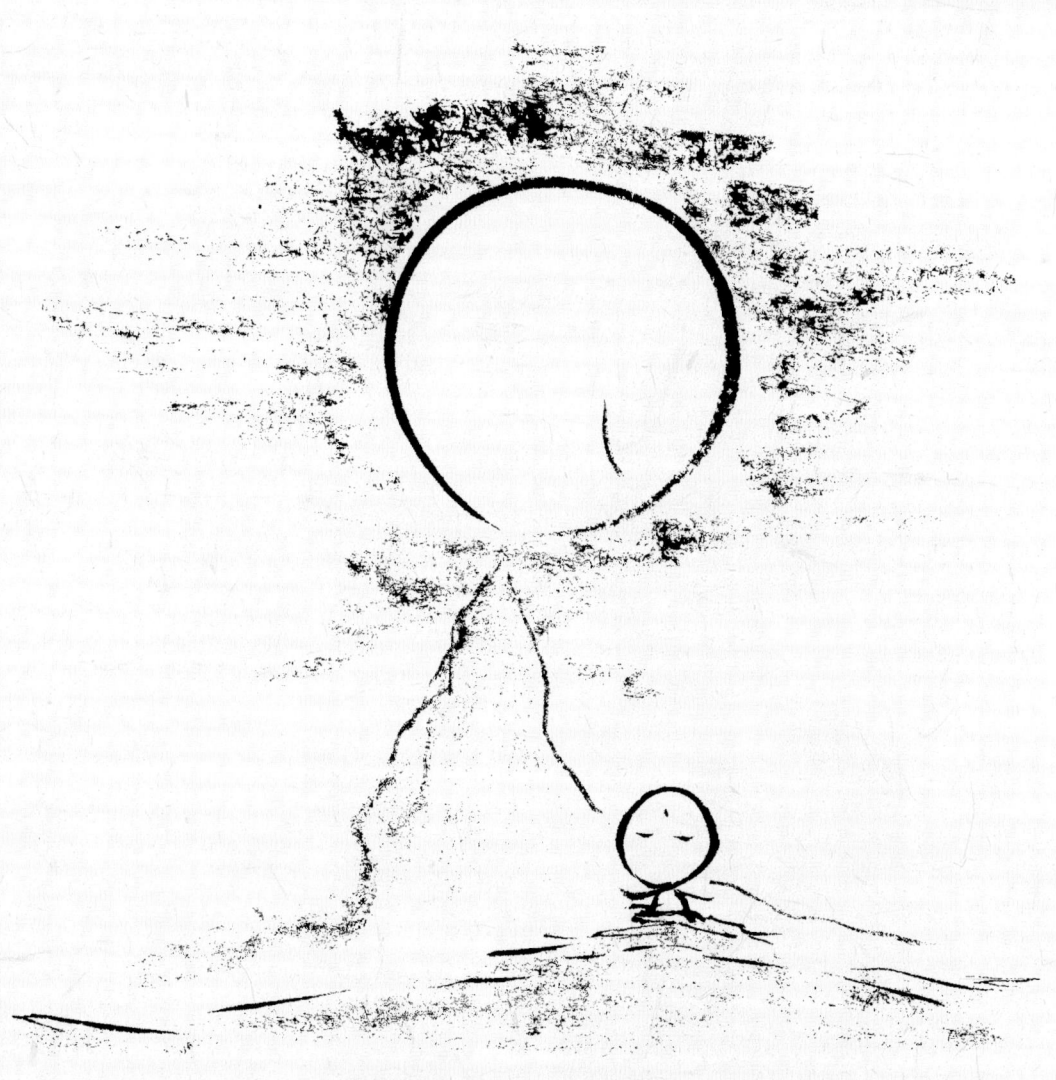

명상을 하면 할수록 큰 존재(혹은 세계)와 만난다.
아, 그 기쁨이란!

방 황

열렬히
서로를 향했음에도
결국 자신에게로 되돌아 온다

인간은
모른다

사랑을

우리들의 사랑은

사랑은
흔들리지 않습니다
흔들린다면 사랑이 아닙니다
그러나 사람들은 사랑할수록 자꾸만
더 심하게 흔들입니다

우리들의 사랑은 참 이상한 사랑입니다

둘의 표정이 애잔하다.
이루어질 수 없는 사랑처럼 둘의 손은 너무 잡고 싶지만 떨어져 있다.

둘이 하나가 되었다.
하트 꽃잎 속에서!

그는 더 이상 방황하지 않으리라

한잔의 차를 제대로 즐길 수 있다면
그는 삶의 진실을 꿰뚫어 보리라

한순간만이라도 명료히 존재할 수 있다면
그는 자신의 근원을 알리라

그리고 한 사람을 사랑하는 것이
어떤 의미인지를 깨닫는다면

그는
더 이상 방황하지 않으리라

알고 싶어요

당신의 갸냘픈 손마디

더듬어

알고 싶어요

부드러움 더 깊은 곳

체온보다 더 더운 곳

당신 자체를

명상을 하면 할수록

자기 자신과 가까와진다.
일필로 그려낸 얼굴의 선이 가히 환상적으로 아름답다.

느낌

손가락 끝만으로도
당신의 느낌이 황홀하게 밀려옵니다
그 아름다운 전율은
내 가슴을 거쳐서 영혼의 심장에까지 도달하지요

사랑의 접촉은 아무리 작더라도
그 작은 느낌의 파도는
조용히
그러나 분명히
아주아주 멀리멀리 퍼져갑니다

사랑할 때
온 세상이 아름답게 보이는 건 착각이 아닙니다
사랑하면
그 영혼은 너무나 맑아져서
미세한 느낌조차도 완전한 느낌으로
가슴을 가득가득 채우니까요

손끝만으로도
당신의 전부를 가질 수 있습니다
조금도
부족하지 않습니다

당신을 바라보는 나의 마음

아무 마음 없이
당신을 바라볼 수는 없습니다

사랑은 이미
내 가슴 깊이 찾아든 까닭입니다

오, 그대여
내 가슴에 흥분과 열정의 불을 당긴 이여

당신을 바라보는 나의 마음은
너무나 행복합니다

당신을 바라보는 나의 마음은
오직 사랑으로 충만하기 때문입니다

아름다운 것만으로는 안된다.

인간은 이렇게 성숙해야만 한다.

거듭거듭 바라볼 것입니다

당신은 나를 모를 테지만
나는 당신을 잘 압니다

나는 당신에게 남이겠지만
당신은 내게 남이 아닙니다

당신의 뜻이든 아니든
당신은 나를 흔들어 놓았으니까

그런 당신이기에
거듭거듭 바라볼 것입니다

떨리는 마음으로
내 가슴속에 숨어든 당신을

보고싶은 당신

당신은
너무나 보고 싶어서
생각하는 것만으로도 가슴이 마구 뛰고
당신은
너무나 편안하기에
바라만 봐도 행복이 스며들어요
당신은
나만을 위한 당신이 아니지만
나는 오직 당신만을 위하여 살아갑니다

당신이시여
너무나 보고 싶은 당신이시여
저의 영혼을 다 가져가고도 모자라
나 스스로 당신 곁을 떠돌게 하고 그로써
나를 나이게 하시나이까

뜬 눈에도 보고 싶고
감은 눈에도 보고 싶은 이여

사랑이여!!!

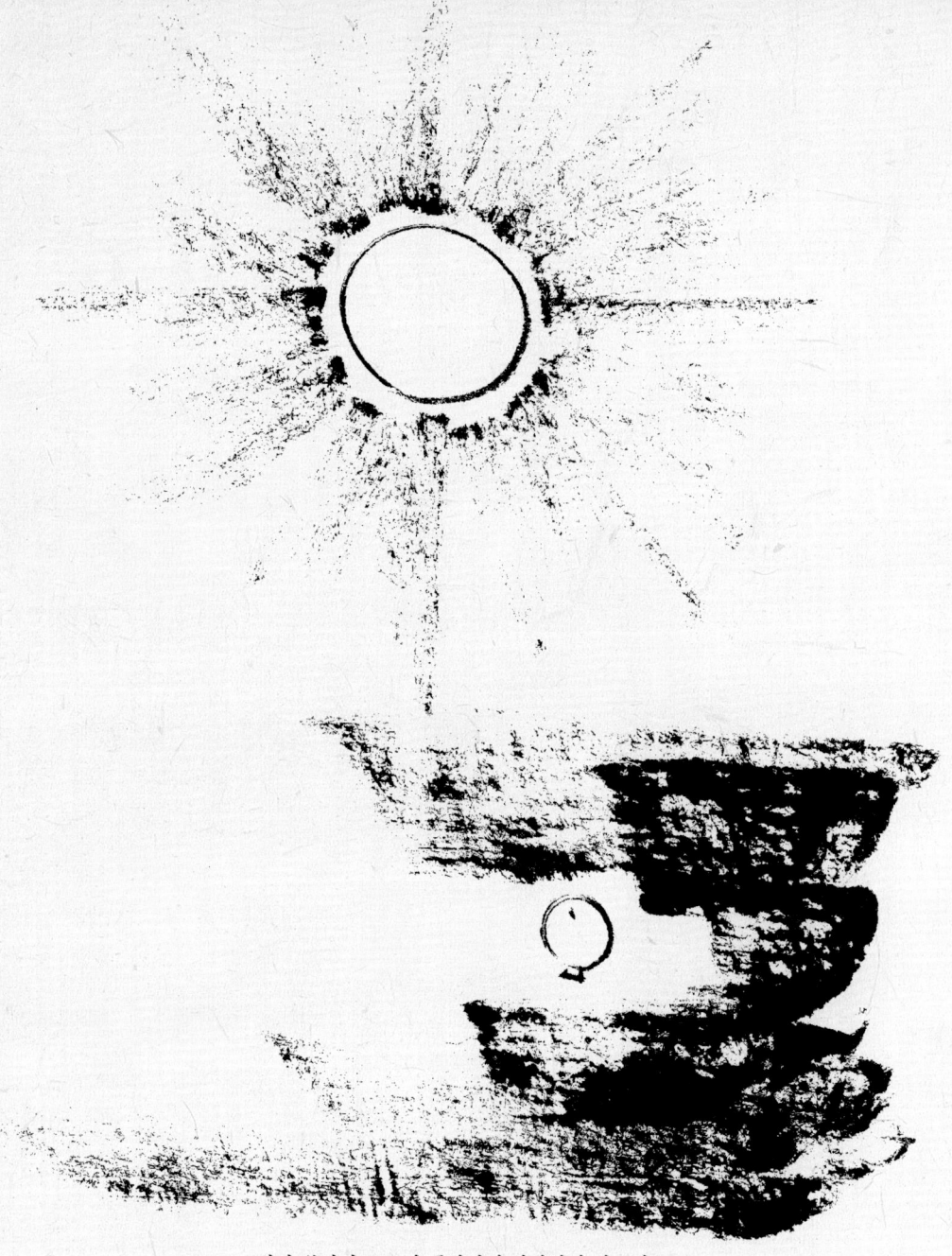

빛이 쏟아져도 보지 못한다면 답답하지 않으랴!

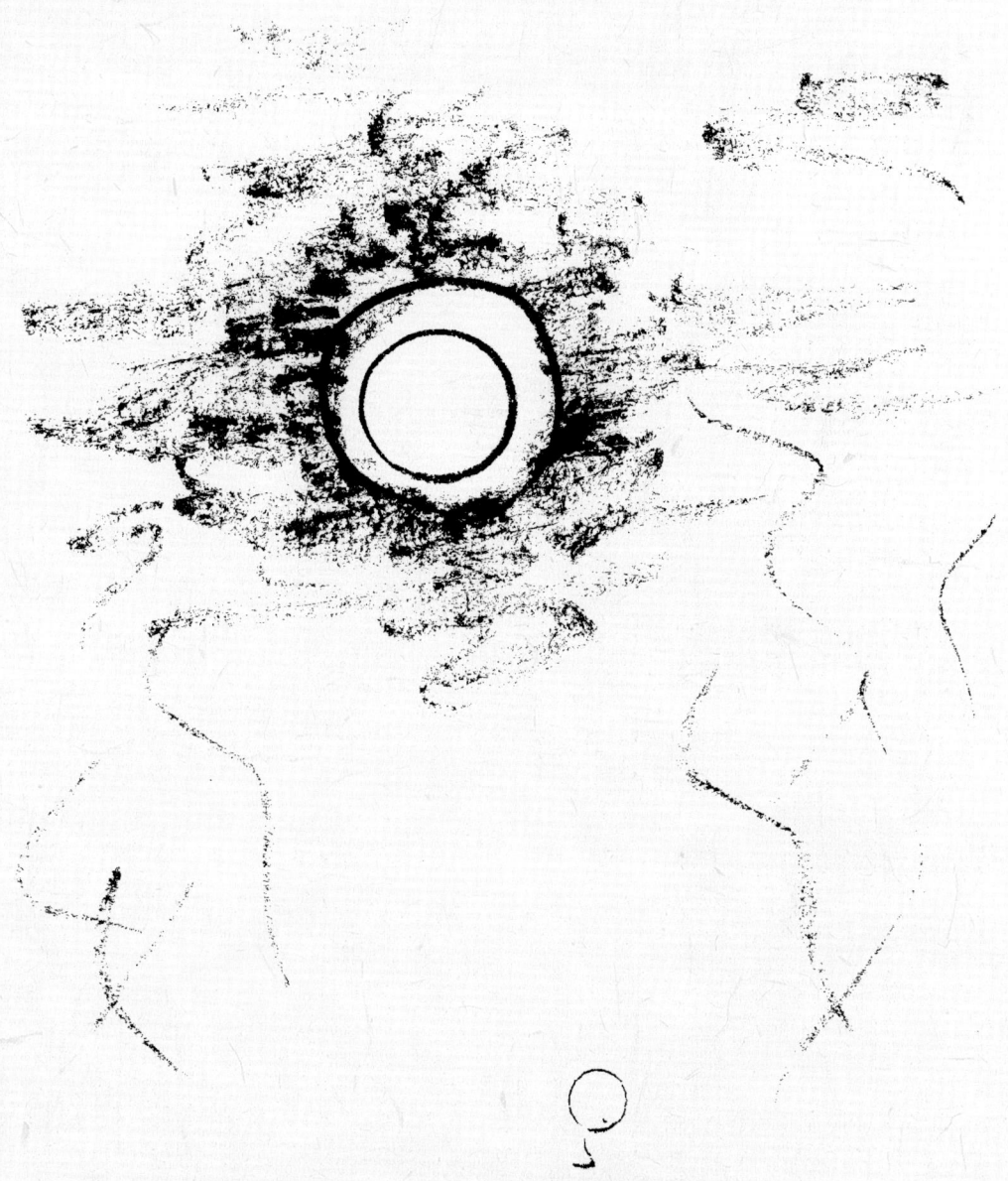

7시 위치에서 시계방향으로 돌린 원이 예쁘게 맞아 떨어졌다.
작은 아이의 표정은 형언할 수 없다.
누가 이 아이가 5cm의 붓끝에서 태어났다고 믿을까?

당신이 아니면

내 삶이 허무합니다
그 무엇으로도 위로받지 못할
허무한
가슴을
당신께
맡겨도 될까요?

당신이라면
기꺼이
나를 던져 놓겠습니다

나에겐 선택의 여지가 없습니다
당신이 아니면
나는 무덤 속으로 걸어 들어가듯
세상을 버릴테니까요

어이 하나요?

어디선가 슬픈 노래가 들려옵니다
내 가슴은 슬픈 노래보다 더 슬퍼집니다
이토록 여린 가슴을 어이 할까요?

지나간 기억 속에 누군가 남아
안타까운 사랑을 한 숨 쉽니다
내 가슴도 애절하게 떨립니다

바람 불어 꽃잎 떨구면
내 가슴도 조각나 떨어지며
아픈 소리를 냅니다

고개 들어 쳐다 본 하늘에선
하늘만큼이나 커다란 허전한 내 마음이
나를 가여워 합니다

이토록 여린 가슴을 어이 하나요?

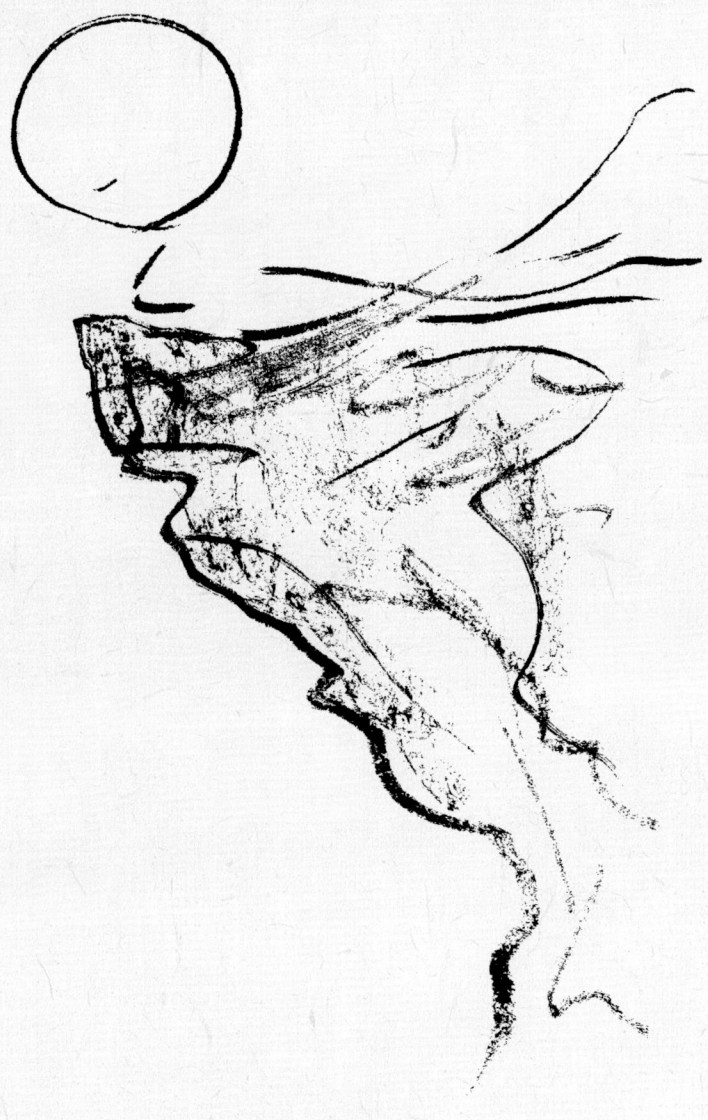

벼랑 끝에 선 그대!

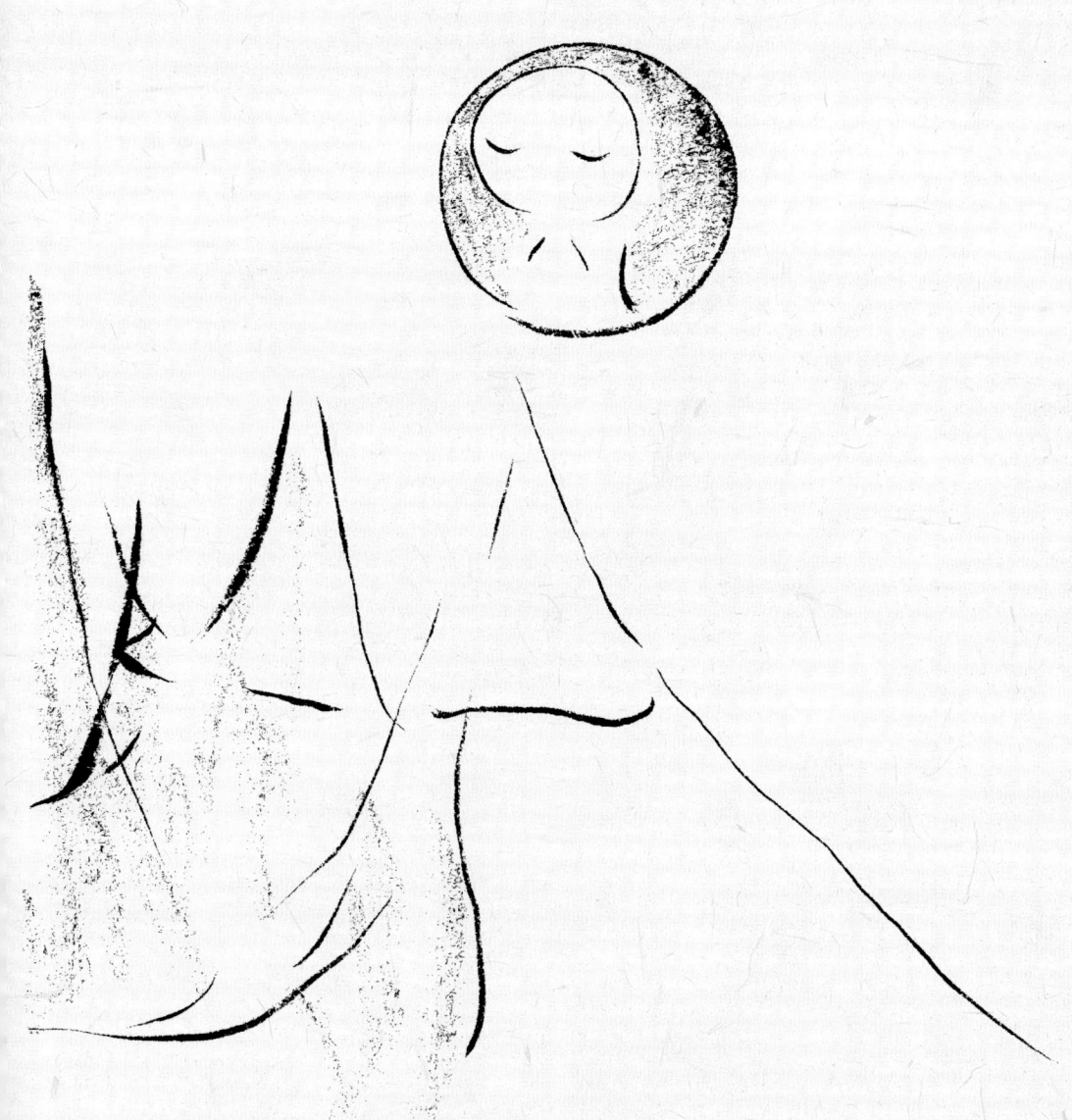

초 대

사랑은
두 얼굴을 가졌습니다
그 하나는
정말정말 행복한 얼굴
또 하나는
너무너무 괴로운 얼굴

당신은
두 모습을 가졌습니다
그 하나는
내게로 다가오는 설레는 모습
또 하나는
내게서 떠나가는 아쉬운 모습

인생은
두 가지로 나타납니다
그 하나는
사랑의 기쁨에 들뜨는 것
또 하나는
고독의 슬픔에 헤매는 것

나는 사랑하는 당신에게서
무엇을 깨치려 이 삶에 초대된 걸까요?

하늘이시여!

당신의
나에 대한 사랑은
서운할 때가 많습니다
당신이 못해 주어서가 아니라
내 욕심이 많기 때문이죠

나의
당신에 대한 사랑은
방황할 때가 많습니다
당신이 잘못해서가 아니라
내 믿음이 확고하지 못해서죠

사랑은
이상한 갈증을 일으킵니다
당신은
사랑을 의심스럽게 합니다
그게 다 나의 불안함 때문이죠

하늘에
손 모아 기도합니다
"사랑하는 사람이 있습니다
그 사랑을 지켜 주세요
하늘이시여, 저를 버리지 마소서!"

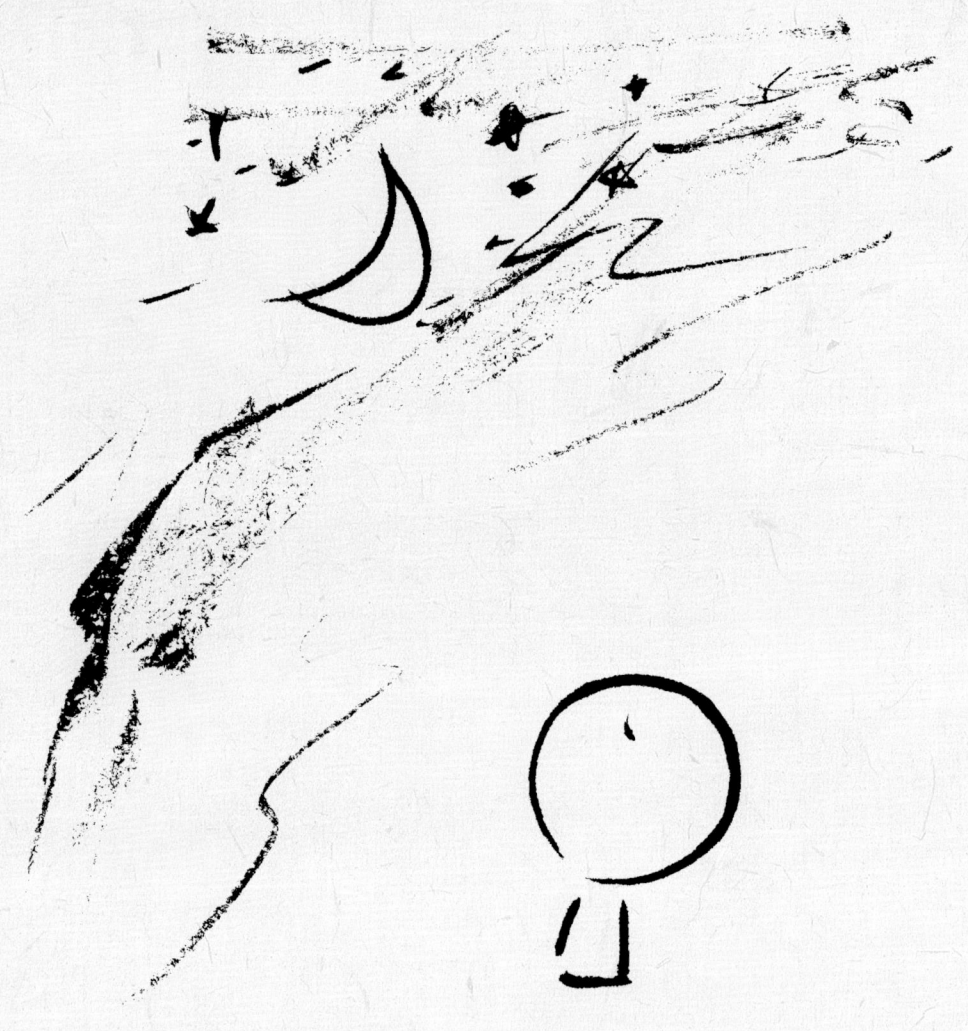

침묵

또 침묵

당신은 사랑, 나는 狂人

나의 입술은 파리하게 갈라졌습니다
당신과의 입맞춤이
너무 오래 되었기 때문입니다
지쳐서
살아갈 기운이 하나도 없을 때에도
이토록
허무하게 가슴 아프진 않았습니다
죽어도
그리 서러울 것은 없지만
당신을
목숨보다 사랑한 나로선
당신을 그리워하는
아찔한 이 괴로움조차
사랑해야만 하는
사랑의 광인으로서
언제까지라도 사랑을 노래할 것입니다

오, 님이여
나의 가슴은 무너지고 없습니다
그러나 행복합니다
당신이 나의 가슴을
무너뜨렸기 때문입니다

나는 진정 행복합니다
아무리 괴로워도
그 괴로움은 당신이 주신 까닭입니다

괴로울수록
당신은 나로 하여금
사랑을 노래하게 하는 까닭입니다

당신은 사랑이며
나는 그 사랑에 미쳤습니다!

하 루

하루를
고요한 마음으로 시작하라
만물이 깨어나는 생명의 아침에
감사의 기도를 올리고
기쁨의 노래를 지어
축복의 꽃비를 내리게 하라

인간의 삶은 하잘 것 없어라
가련한 목숨을 이어가는 노동일 뿐
누가 있어 영혼의 꽃을 피우며
사랑의 향기를 퍼뜨리는가?

아침에 눈을 뜨면
다시 그 눈을 감고 마음을 보라
덧없는 나날의
무의미한 권태를 털어버리고
비에 씻긴 깨끗한 나뭇잎처럼
맑게 빛나는 하루를
설레는 가슴으로 맞이하라

그 하루가 영원에 도달하는
진리의 초석이 되게 하라

신 비

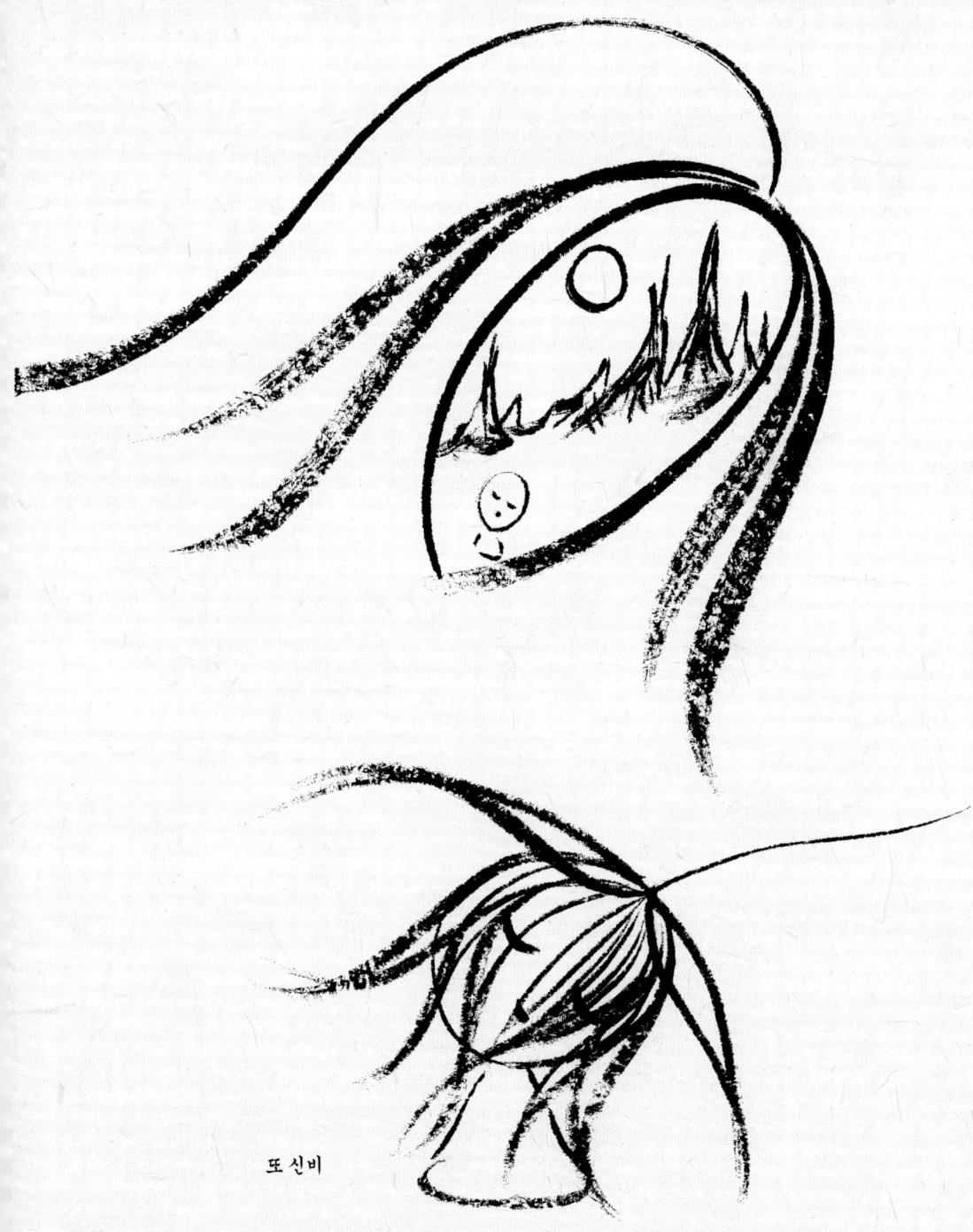

또신비

올 것은 오고 갈 것은 가는 것

창문을 열어 놓아라
바람이 불면 바람이 들어올 것이고
비가 내리면 비가 들어올 것이다
가슴을 열어 놓아라
기쁨이든 슬픔이든 올 것은 오고
갈 것은 가는 것
가슴을 활짝 열라
행복이든 불행이든 가리지 말라
사랑도 오고 미움도 오는 것을
환영하거나 거부할 수 없다
다만 인생은 열린 창문이 될 수 있을 뿐
사랑을 붙잡지 못하고
미움을 피하지 못한다
활짝 열린 가슴만이 비바람의 선물을 받듯
인생은 열려 있을 때에만
전부를 얻는다
문이란 문은 모두 열고
가슴은 있는대로 완전히 열라
반쪽이 아니라 전부를 얻고자 한다면
인생을 방문하는 모든 것을 다 받아들이라

반쪽이라면 행복이라도 불행해질 것이요
전부라면 불행이라도 행복의 조각이기에

경이로움

나는 경이로움 속에서 산다
첫번째 경이는 내가 숨쉰다는 것
두번째 경이는 모든 것이 아름답게 비춰지는 나의 눈
세번째 경이는 나의 사랑과 그 기쁨
네번째 경이는 괴롭고 힘들 때에도 삶을 사랑하는
나의 노래는 계속된다는 것
다섯번째 경이는 고요한 고독 속에서 나 자신의
순수를 경험하는 것
여섯번째 경이는 모든 존재가 축복 속에 있음을
느끼는 것
일곱번째 경이는 내가 경이로움 속에서 살 뿐만 아니라
내가 모든 경이로움의 중심이라는 것

그대는 나의 경이요
나는 그대의 경이라네
경이롭지 않은 것은 아무 것도 없나니
경이 중의 경이는 이 모든 경이로움이
삶의 고뇌와 비탄 속에 숨겨져 있다는 것

각 성

또 각성

끝맺음

당신을 사랑하게 된 것은
이제 그만 방황하라는
고단한 내 삶으로부터 충고입니다

갑자기 눈물이 납니다
가슴은 눈물로 출렁입니다
외로운 날들이 너무 많았고 길었습니다

당신을 사랑하게 된 것은
이제 그만 외로워 하라는
나 자신에게서 온 사랑입니다

갑자기 가슴이 아프고
영혼은 몸살처럼 신음합니다
삶이란 참 가혹한 시련입니다

그 시련을 견디고 맞이한 당신이기에
더 소중할 수 없는 사랑이기에
모든 것을 다 던집니다

이제 그만 쉬고 싶습니다
폭풍이 지나간 평화의 바다에 돛을 내리고
당신이랑 나란히 슬픈 우리 인생을

사랑의 시로 끝맺고 싶습니다

나의 운명

당신은
시간을 넘어서 있고
나는
시간의 족쇄에 묶여 있습니다

당신은
공간을 초월해 있고
나는
공간의 한계에 가두어져 있습니다

그렇다고 어찌 나의 사랑이
당신께 이르지 못할까요
나를 버리고 버려
당신의 품에 안기는 것은

마치 모든 생명이 시간의 늪에 빠져
죽어가는 것처럼
당신의 사랑에 빠져 삶을 마쳐가는
나의 운명인 것을!

도달함

그리고 행복

묵연 스님의 시화집 5
지치지 않는 사람

초판 인쇄 - 2007년 10월 25일
초판 발행 - 2007년 10월 30일

엮은이 | 묵연 스님
펴낸곳 | 空
펴낸이 | 문지인

등록번호 | 제 320-2004-47
등록일자 | 2004년 8월 13일

주소 | 경남 김해시 서상동 303-3
전화 | 055-325-1050
핸드폰 | 010-4668-5389
팩스 | 055-325-1050
이메일 | 02fax@hanmail.net

북디자인 | 空 이한기
인쇄 | 영광정밀인쇄사

값 | 10,000원

ISBN 978-89-956522-4-4

※ 이 책자의 저작권은 묵연스님에게 있습니다.
　본문 작품을 사용하시려면 작가와 상의해야 합니다.